Katzenratgeber für Anfänger

Wie Sie Ihre Katze verstehen, versorgen und eine enge Bindung zu Ihr aufbauen - inkl. Tipps bei Katzen Krankheit

Matthias Stolz

INHALT

Das erwartet Sie in diesem Buch

Überlegen Sie, sich eine Katze oder einen Kater anzuschaffen? Oder haben Sie schon einen oder mehrere Stubentiger? In jedem Fall ist dieses Buch ein umfangreicher Ratgeber für alle Samtpfoten-Freunde. Eine dieser Samtpfoten ist Miez, Ihre Katze in diesem Buch. Miez wird Sie an die Pfote nehmen und Ihnen die Katzenwelt erklären. Auf die Pirsch!

Sie erfahren zunächst, wie es dazu kam, dass Katzen heute so beliebte Haustiere sind. Sie werden die Bedürfnisse von Miez und ihresgleichen besser verstehen, aus denen bestimmte Verhaltensweisen resultieren, denn was tun, wenn die Couch zum Kratzbaum wird oder Ihr Bett zum Katzenklo? Was, wenn Miez tut, was sie nicht soll, und soll, was sie nicht tut?

Auch Schmusen ist nicht jederkatzes Sache. Manche mögen es distanziert, andere können es kaum erwarten, von Ihnen gekrault zu werden. Kaum eine andere Tiergattung zeichnet sich durch so vielfältige Persönlichkeiten aus wie die Katzen – jede einzelne ist ein Unikat. Miez auch. Trotzdem lässt sich auch sie erziehen. Vertrauen, Zuneigung und ein harmonisches Zusammenleben mit ihrem Menschen sind hierfür die Grundlage. Durch sinnvolles Spielen und Beschäftigen mit Ihrer Miez kann dies gefördert werden und macht auch noch Spaß.

Die Anschaffung einer Katze bedeutet zudem auch, Verantwortung zu übernehmen. Die Tiere haben spezifische Bedürfnisse. Ihre Pflege und Fürsorge sind das A und O, ein ganzes Katzenleben lang. Und Miez kann bis zu 20 Jahre alt werden! Freuen Sie sich auf eine interessante Exkursion in ihre Welt auf samtigen Pfoten.

Gedicht über die Katze

von Johann Wolfgang von Goethe

Zum Fressen geboren, zum Kraulen bestellt;
in Schlummer verloren – gefällt mir die Welt.
Ich schnurr' auf dem Schoße, ich ruhe im Bett; in lieb-
licher Pose – ob schlank oder fett.
So gelte ich allen als göttliches Tier –
sie stammeln und lallen und huldigen mir.
Liebkosen mir glücklich den Bauch, Öhrchen und
Tatz, und ich wählte es wieder –
das Leben der Katz.

MATTHIAS STOLZ

Katzen verstehen

ABSTAMMUNG UNSERER HAUSKATZEN

Miez fragt sich ab und zu, wer ihre Eltern sind und deren Eltern und alle Urahnen davor. Wie kommt es, dass sie mit einem Menschen zusammenleben darf? Wem hat sie dieses kuschelige Körbchen und das leckere Futter zu verdanken? Wer hat es arrangiert, dass Katzen wie sie bei Menschen wie Ihnen einziehen dürfen?

Miez:

„Warum verwandelten sich meine Vorfahren von wilden Tigern zu Stubentigern? Und wer sind diese Vorfahren eigentlich?"

Diese Frage stellen sich auch Forscher und haben die letzten 9.000 Jahre der Geschichte der Katzen beleuchtet. Sie konnten herausfinden, dass die wilde Verwandtschaft von Miez aus dem Osten kam. Sie wanderte in zwei Abschnitten auf zwei verschiedenen Wegen ein. Diese wilden Katzen gehörten der Gattung der Felis silvestris an, die in fünf Unterarten aufgeteilt ist. Eine davon, die sogenannte Falbkatze, haben wir Menschen gezähmt. Mit Erfolg. Aus scheuen Einzelgängern wurden zahme Samtpfoten. Aber wie genau haben wir das gemacht?

Claudio Ottoni von der Universität Leuven und der Universität Paris-Diderot hat sich gemeinsam mit seinem Team dieser Frage angenommen. Dazu analysierten die Forscher die sterblichen Überreste von gut 200 Katzen aus den zurückliegenden 9.000 Jahren. Dazu gehörten Verwandte von Miez aus der Steinzeit, aus Ägypten oder Urahnen aus Gräbern der Wikinger. Die daraus gewonnene DNA verglichen die Forscher mit der DNA heutiger Hauskatzen. Und das Ergebnis war überraschend: Katzen wurden in zwei verschiedenen Intervallen gezähmt, was bis heute einen Einfluss auf die Miez und ihre Kollegen hat.

Wir Menschen sollen sich schon vor mehr als 9.000 Jahren Katzen als Haustiere gehalten haben. Vor allem auf Zypern waren die Vorfahren von Miez sehr beliebt, um Nagetiere zu jagen und zu fressen. Von dort und über die heutige Türkei gelangten die ersten Katzen in den Süden Europas.

Die zweite genetische Linie soll etwas später dazugekommen sein, nämlich im ersten Jahrhundert vor Christus. Während des Römischen Reichs breiteten sich domestizierte Verwandte von Miez aus dem alten Ägypten aus und erreichten den Norden Europas. Da Nagetiere die Lager von Landwirten bedrohten und auch die Vorräte auf Schiffen, waren die Urahnen von Miez auf den Handelsrouten des Mittelmeerraumes gern gesehene blinde Passagiere. Hunderte von Jahren waren die Nachfahren dieser einst ägyptischen Katzen sogar stärker verbreitet als die der älteren Farmkatzen aus östlichen Regionen. Beide Katzenströmungen sind der Tatsache des unermüdlichen Interesses an Mäusen und Ratten zu verdanken. Bis heute ist Genmaterial beider Linien in Katzen zu finden.

> *Miez:*
>
> *„Meine Vorfahren sind viel gereist. Die einen kamen aus Zypern und der Türkei, die anderen aus Ägypten!"*

Als kleine effektive Jäger haben die Vorfahren von Miez dem Menschen also einen unverzichtbaren Nutzen geboten. Dies führte auch dazu, dass sie sich dem Menschen annäherten und allmählich ihre Scheu verloren. Obwohl die Samtpfoten auch immer schon für Ihr Aussehen bewundert wurden, begann das gezielte Züchten erst im 18. Jahrhundert, und zwar zunächst in Ägypten. Heute gibt es etwa 40 anerkannte Katzenrassen.

BEDÜRFNISSE, VERHALTEN, AUS-DRUCK & GESTIK

Katzen üben von jeher eine große Faszination auf uns Menschen aus. Das mag unter anderem auch daran liegen, dass sie bis heute viele ihrer ursprünglichen Verhaltensweisen beibehalten haben. Zudem ist es die Schönheit der Tiere, ihre Persönlichkeit und Unabhängigkeit, die uns Katzenhalter begeistern. Trotz ihrer Unabhängigkeit sind Miez & Co. von Haus aus keineswegs Einzelgänger, sondern Rudeltiere. Aber sie jagen allein, so wie ihre wilden Vorfahren. Jenseits der Paarungszeit pflegen die Samtpfoten soziale Kontakte zu ihren Artgenossen. Miez zum Beispiel liebt es, mit ihren Katzenkumpels in Körperkontakt zu liegen, deren Fell zu reinigen und mit ihnen zu spielen. Miez kennt aber auch Kollegen, die deutlich zurückhaltender sind als sie. Ob eine Katze sich eher distanziert verhält oder gesellig ist, hängt davon ab, welche Erfahrungen sie als Welpe mit ihresgleichen gemacht hat und welche Neigungen ihr angeboren sind.

Miez:
„Beobachtet uns geduldig und vergesst nicht, dass wir Katzen sind, keine Menschen. Ganz bestimmt versteht Ihr dann auch, was wir denken und Euch sagen möchten."

Katzen haben ihre ganz eigene Sprache, die wir lernen können, um sie besser zu verstehen. Sie schnurren, knurren, fauchen, schnattern, jaulen und hecheln. Diese Geräusche gepaart mit Gestik und Mimik geben Aufschluss über den

Gemütszustand der Tiere. Oft ist sogar die Kombination mehrerer Signale entscheidend. Also sollten wir Menschen unbedingt wissen, wie wir diese Katzensprache zu interpretieren haben.

Entspannung und Freundlichkeit

Wenn der Schwanz von Miez locker nach unten hängt und ihre Ohren nach vorn gerichtet sind und es auch bleiben, wenn Sie sich nähern, dann ist Miez völlig entspannt und freundlich gestimmt. Auch ihre nur halb geöffneten Augen zeigen ihre freundliche Stimmung. Wenn dazu Schmuseeinheiten gewünscht sind, zeigt Miez Ihnen dies durch wohliges Schnurren. Besonders fühlt Miez sich dann wohl, wenn sie beim Schmusen mit Ihnen das sogenannte „Tritteln" zeigt: Sie knetet mit den Vorderpfoten auf Ihnen herum. Pure Wonne!

Verspieltheit

Miez zeigt Ihnen durch das Aufrichten ihres Schwanzes und die Einladung, ihr näherzukommen, dass sie gern mit Ihnen spielen möchte. Vielleicht zittert ihr Schwanz dabei sogar leicht und zeigt damit ihre Vorfreude. Auch kann es sein, dass Miez sich auf dem Rücken oder der Seite wälzt und damit ihre Spielbereitschaft untermalt, oder sie streckt die Pfote nach Ihnen aus, um Sie zu berühren und zur Interaktion aufzufordern.

Achtung: Liegt Miez auf dem Rücken, muss sie nicht immer Spielfreude damit ausdrücken! Die Liegeposition auf dem Rücken kann auch defensives Verhalten sein, denn Katzen schützen ihren Hals auf diese Weise beispielsweise vor Tötungsbissen ihrer Feinde. Dennoch sind sie in dieser Position nicht wehrlos. Sie können nun alle vier Pfoten mit ihren Krallen einsetzen und den Angreifer effektiv attackieren. Seien Sie also vorsichtig, wenn Miez auf dem Rücken liegt, und unternehmen Sie keine unüberlegten Streichel- oder Spielversuche.

Unbehagen

Die Stellung der Ohren einer Katze verrät uns, ob sie Angst hat. Je stärker ihre Ohren an den Kopf angelegt sind, desto größer ist ihre Angst. Wenn Miez ihre Ohren komplett nach hinten dreht, sodass deren Rückseite sichtbar ist, fühlt sie sich noch dazu bedroht. Wenn Miez sich etwas unsicher ist, ob sie Angst haben muss oder nicht, können ihre Ohren auch zucken oder ganz oft die Position ändern.

Miez:

„In stressigen oder beängstigenden Situationen gähne ich manchmal auch. Die Menschen denken dann, dass ich müde bin. Das stimmt aber gar nicht. Ich versuche nur, mich mit dem Gähnen selbst zu beruhigen."

Miez kann auch ihr Unbehagen zudem durch ihr Ducken verdeutlichen. Sie drückt sich dann tief an den Boden und macht ihren Rücken rund. Wenn sie ängstlich ist, wedelt sie manchmal aber auch mit dem Schwanz, was der Hund der Nachbarn immer missversteht. Miez macht ihren Schwanz dann erst ganz buschig und zieht ihn nach dem Wedeln ein oder versteckt ihn unter sich. Auch ein innerer Konflikt kann dieses starke Schwanzwedeln auslösen. Zum Beispiel dann, wenn Miez noch unentschlossen ist, ob sie fliehen oder angreifen soll.

Es gilt, die Summe der Signale richtig zu deuten: Wenn Miez beim Streicheln schnurrt und gähnt, aber dabei die Ohren verdreht oder mit dem Schwanz zuckt, sollten Sie verstehen, dass Miez sich gar nicht wohlfühlt und sich vermutlich lieber befreien möchte.

Aggressivität

Vorsicht, wenn Miez die Ohren zur Seite dreht! Die Katze zeigt so eine aggressive Haltung. Wahrscheinlich macht sie auch einen Katzenbuckel und stellt ihr Fell am Rücken auf, um größer und einschüchternder zu wirken. Der Buckel ist außerdem sehr praktisch, um schnell in die Flucht überzugehen, denn aus dieser Haltung kann Miez sehr gut springen. Aber auch das Ducken mit gesträubtem Rückenfell kann eine Warnung für den potenziellen Gegner sein. Die Augen werden zu Schlitzen, Pupillen verkleinern sich und starren diesen Gegner wie versteinert an. Daraus sollten Sie im Umkehrschluss lernen, Katzen nicht anzustarren. Die Stubentiger nehmen auch ihr menschliches Starren als Gefahr wahr, halten den Zweibeiner für aggressiv. Das Fixieren des Gegenübers wird häufig akustisch untermauert durch Fauchen, Jaulen oder Schreien, wobei auch Zähne gezeigt werden können. Miez versucht damit, kundzutun, dass hier etwas gegen ihren Willen geschieht. Sie knurrt aber manchmal auch, um jemanden zu verschrecken oder vor etwas zu warnen.

Angst

Angst klingt erst mal unschön, aber sie ist für alle Lebewesen wichtig für das Überleben. Sorglosigkeit und Leichtsinnigkeit begünstigen die Gefahr. Verwunderlich ist allerdings, warum Miez sich vor Dingen und Situationen fürchtet, die nicht unbedingt gefährlich sind.

Die Angst unserer Samtpfoten bildet das perfekte Gegengewicht zu ihrer Neugier. Zu viel Angst würde sie am Jagen hindern. Sie zögen es vor, in ihrem sichereren Unterschlupf zu bleiben, wo sie ohne Nahrung verhungern. Wären sie hingegen unbefangen und leichtsinnig, könnten sie schnell selbst zu Opfern werden, sich verletzen oder mit verdorbener Nahrung vergiften. Angst und Neugier müssen also in Balance miteinander sein. Zum Glück sind Katzen diese Instinkte angeboren, – egal, ob sie wild leben oder als wohlbehütete Partner ihrer Menschen. Alle Katzen sind mit einer gesunden Portion Neugier und einer Schippe Angst bestens fürs Leben gewappnet.

Miez:
„Alles, was ich nicht kenne, finde ich erst mal gruselig!"

Miez fürchtet sich vor dem Unbekannten. Die natürliche Reaktion darauf sind die Flucht oder das Verstecken, um das angsterregende Objekt aus der Entfernung zu beäugen. Sofern Miez das Unbekannte dann als ungefährlich bewertet, steigt ihre Neugier. Das eben noch unbekannte Objekt ist nun etwas Vertrautes.

Um sich als zutrauliche Stubentiger entwickeln zu können, die im erwachsenen Alter wenig Skepsis oder Angst zeigen, ist es sehr wichtig, junge Katzenwelpen behutsam und, ohne sie zu überfordern, mit anderen Tieren, fremden Menschen, Situationen, Gegenständen und Geräuschen in sicherer Umgebung vertraut zu machen. So gewöhnen sie sich daran und lernen, dass von diesen Reizen keine Gefahr ausgeht. Wird diese Prägung versäumt, können erwachsenen Katzen sehr scheu und ängstlich sein, was wiederum Stress für das Tier bedeutet, woraus Krankheiten resultieren können. Allerdings können neben mangelnden Erfahrungen auch schlechte Erfahrungen zu chronischer Angst führen. Miez kann wie wir Menschen sogar an Phobien leiden, etwa an einer Hundephobie. Oder sie geraten in Panik, wenn Besuch kommt, Kinder spielen oder der Staubsauger Krach macht.

Miez:

„Laute oder unbekannte Geräusche erschrecken mich ganz fürchterlich! Meine Ohren sind sehr empfindlich!"

Katzen haben nämlich ein sehr feines Gehör, viel feiner als das von uns Menschen. Was wir kaum hören, ist für sie sehr laut. Plötzliche oder fremde Geräusche können Miez sehr beängstigen, da sie in ihrer Wahrnehmung eine mögliche Gefahr bedeuten. Miez weiß schließlich nicht, dass das Martinshorn, Kindergeschrei oder Silvesterknaller für sie nicht lebensbedrohlich sind. Alles, was laut und schrill ist, findet Miez sehr furchterregend.

Für Miez ist es in solchen Situationen extrem wichtig, sich an einen sicheren Ort zurückziehen zu können, an dem sie ungestört ist. So gewöhnt sie sich allmählich an Alltagsgeräusche, um beim nächsten Mal weniger Angst vor ihnen zu haben. Sollte die Katze dennoch unter chronischen Ängsten leiden, ist es ratsam, sich an einen Katzenpsychologen zu wenden, um ihr zu helfen.

Miez:

„Gewöhnt uns schon als Babys behutsam an alles, vor dem wir im erwachsenen Alter keine Angst haben sollen. Und bitte sorgt immer für einen ruhigen Ort für unseren Rückzug. Wir möchten manchmal ungestört sein. Das ist wichtig. Und denkt außerdem daran: Unsere kleinen Katzenohren sind sehr empfindlich!

Warum Katzen und Hunde sich nicht mögen:
Ausnahmen bestätigen zunächst die Regel. Katzen und Hunde können unzertrennliche Freunde sein, wenn sie sich von klein auf aneinander gewöhnen

dürfen. Das heißt allerdings nicht, dass ein Hund jede Katze mögen muss – und umgekehrt.

Sind die Katze und der Hund nicht aneinander gewöhnt, können sie sich meist gegenseitig nicht ausstehen. Das liegt sehr wahrscheinlich an einem chronischen Missverständnis. Miez versteht die Sprache von Bello falsch und umgekehrt. Wenn sich beide zum allerersten Mal treffen, ist meist noch alles in Ordnung. So lange, bis Bello erfreut mit dem Schwanz wedelt. Miez interpretiert dies als Angriffslust – und nicht als Freude.

Anders herum könnte Miez beim ersten Anblick eines Hundes schnurren, denn sie fühlt sich (noch) wohl. Bello könnte aber meinen, dass Miez knurrt, was aus seiner Sicht Angriffslustigkeit oder aggressive Verteidigung bedeutet. So deutet nun er die Handlungen der Katze falsch.

Sind beide aber von Jugend an aneinander gewöhnt, verstehen sie die Sprache des anderen. Das heißt aber nicht, dass ein Hund, nur, weil er mit einer bestimmten Katze aufgewachsen ist, jede mögen muss.

INDIVIDUELLE KATZENPERSÖNLICHKEITEN

Jede Katze ist ein Individuum und hat ein absolut einzigartiges Wesen. Das wirkt sich ganz klar auf das harmonische Zusammenleben mit Ihrer Miez aus, welches nur erreicht wird, wenn Sie sich auf das Wesen Ihrer Miez einstellen. Hierauf gehen wir später noch genauer ein. Aber dies vorweg: Verbiegen werden Sie den Charakter Ihrer Miez nicht. Sie ist, wie sie ist. Und genau das macht sie so besonders und faszinierend.

Mit dem Phänomen der individuellen Eigenarten von Katzen beschäftigt sich auch die Wissenschaft. Schon 1947 gab es erste Veröffentlichungen dazu. Im Jahre 2017 wiesen australische Wissenschaftler fünf Persönlichkeitstypen von Katzen nach. Ihre Miez lässt sich jedoch nicht vollständig nur einer Typenbeschreibung zuordnen. Jede Katze ist eher als eine Mischung verschiedener Persönlichkeiten zu beschreiben, von denen manche stärker ausgeprägt sind als andere. Von der individuellen Persönlichkeit Ihrer Miez lassen sich auch Bedürfnisse ableiten, die beleuchten, welche Lebensumstände für sie optimal sind.

Neurotische Untertaucher

Neurotische Katzen sind im Umgang mit Menschen eher ängstlich, da sie unsicher und misstrauisch veranlagt sind. Sie sind schüchtern und brauchen lange, um jemandem oder etwas zu vertrauen. Es fällt solchen Katzen schwer, mit Veränderungen in ihrem Lebensumfeld umzugehen. Sie reagieren darauf mit Verunsicherung. Wenn Ihre Miez diese Persönlichkeitszüge zeigt, so können ihr im Tagesablauf feste Rituale helfen, sich wohler zu fühlen.

Extrovertierte Rampensäue

Vorhang auf, hier kommt Miez! Fröhlich, aktiv, neugierig, energisch und immer für eine Überraschung gut, das sind extrovertierte Katzen. Sie lassen sich nicht aus der Ruhe bringen und sind ganz im Gegensatz zu ihren neurotischen Kollegen sehr anpassungsfähig. Ihr Wissensdurst und ihre Experimentierfreudigkeit sind unersättlich. Deswegen finden diese Katzen es großartig, immer Neues zu entdecken. Aber Achtung: Allzu viel Mut und Energie erhöhen auch das Risiko für Unfälle und Verletzungen. Wenn Ihre Miez zu den Rampensäuen gehört, räumen sie besser alle Gegenstände weg, die zu einer Gefahr für den Showtiger werden könnten. Sollten Sie ebenso lebhafte Kinder haben, kommt dies Ihrer Miez und deren Vorliebe für Action und Abwechslung sehr entgegen.

Dominante Herrscher

Tyrannosaurus Rex würde beim Anblick der tyrannischen Tiger erblassen. Diese als Einzelgänger bezeichneten Kratzbürsten sind zumeist aggressiv gegen andere Katzen. Daher kann ein hohes Aufkommen von Nachbarkatzen für recht viel Unmut sorgen. Auch die Gewöhnung an andere Haustiere und Kinder sollte sehr behutsam und emphatisch erfolgen. Es ist möglich, dass seine Exzellenz sich dann erbarmt und diese anderen Wesen an ihrer Seite akzeptiert. Aber vielleicht erbarmt sie sich auch nicht, sodass sich das Zusammenleben wenig harmonisch gestaltet. Passen allerdings die Umstände, so kann auch ihre dominante Miez eine wunderbare Weggefährtin sein.

Clowns

Diese albernen Samtpfoten sind leichtsinnig und unberechenbar. Es scheint dieser Miez irre Spaß zu machen, ihrem zweibeinigen Dosenöffner Streiche zu spielen. Machen Sie sich darauf gefasst, dass der eine oder andere Gegenstand aus dem Regal geschoben oder Klopapier genüsslich abgerollt wird. Mit dieser ungestümen Miez wird Ihnen ganz sicher nie langweilig. Achten Sie besonders auf Katzensicherheit im Haushalt, wenn Sie mit einem solchen Clown zusammenleben.

Brave Schmusebären

Eine Prise Kuschelmodus ist immer willkommen. Wie erfreulich, wenn Ihre Miez stets schmusen möchte und dazu auch noch sehr freundlich gegenüber Menschen und anderen Tieren ist. Sie erobert sofort alle Herzen! So gesehen ist dieser Katzentyp der Streber im Vergleich zu den anderen, denn dieser Typ ist das, was sich Menschen wünschen. Aber seien Sie beruhigt: Jede Katze hat Züge des braven Schmusebären, – die eine eben mehr, die andere weniger.

Diese wissenschaftlichen Betrachtungen bezogen sich hier allerdings auf Samtpfoten, die mindestens ein Jahr alt waren, zumal nur ausgereifte

Katzenpersönlichkeiten in die Forschung einbezogen werden sollten. Die wahre Persönlichkeit einer Miez ist erst im erwachsenen Alter zu erkennen. Bei Katzenkindern hat man mit entsprechendem Wissen noch die Möglichkeit, das Individuum zu prägen. Wer allerdings nach langem Zusammenleben mit einer Katze auf der Suche nach einer Nachfolgemiez ist, sollte sich dieser Tatsachen bewusst sein und geduldig die (aller Wahrscheinlichkeit nach) wirklich passende zweite Samtpfote suchen.

Zwischenfazit von Miez:
Nun ist mausklar, dass Euch Menschen meine Vorfahren vor allem deswegen so gut gefallen haben, weil sie wunderschön waren wie ich und so gut jagen konnten. Wir Miezen waren auch schon immer Individualisten, sind aber keine Einzelgänger. Wir schnurren, knurren, fauchen, schnattern, jaulen und hecheln und möchten damit etwas sagen. Achtet auf unsere Gestik und Mimik, um uns zu verstehen! Wir können nämlich auch Angst haben, müssen uns an Unbekanntes erst gewöhnen und mögen laute Geräusche nicht. Gewöhnt uns bitte schon als Babys behutsam an alles, wovor wir später keine Angst

haben sollen. Doch auch, wenn wir von Natur aus unsere eigene Persönlichkeit haben, etwas ängstlich, skeptisch, frech oder albern sind: In jeder von uns Miezen steckt auch immer ein Schmusebär! Also kann es jetzt losgehen, Sie sind gewappnet. Ihre Miez kann einziehen, falls sie es nicht schon ist! Miau!

Das Mensch-Katze-Team

VERANTWORTUNG

Nun sind Sie bereit, eine Miez als neues Familienmitglied aufzunehmen, denn Sie haben bereits einiges über Ihr neues Haustier gelernt und wissen um die Verantwortung, die Sie für Ihre Katze tragen. Besuchen Sie bitte das nächste Tierheim, um zu schauen, ob eine der vielen lebensdurstigen, bereits geimpften und kastrierten Katzen zu Ihnen passt. Alle Tiere dort warten sehnsüchtig auf ein liebevolles neues

Zuhause. Nicht selten finden Sie in Tierheimen auch Katzenwelpen, denen es genauso geht.

Katze oder Kater? Welcher Typ sind Sie?
Kater ...
• sind größer, schwerer und kräftiger als Katzen.
• entfernen sich weiter vom Haus als Katzen, wenn sie nicht kastriert sind.
• sind verschmust und ruhig, sofern sie kastriert sind.
• toben und raufen gern mit Artgenossen.
• markieren ihr Revier, wenn sie nicht kastriert sind oder erst spät kastriert wurden.
• können echte „Macker" sein.

Katzen ...
• bleiben näher am Haus als ihre männlichen Kollegen.
• lieben es, zu jagen.
• bringen ihre Beute gern als „Geschenk" nach Hause.
• sind oft unabhängiger von ihren Zweibeinern als die Herren.

Falls Sie sich dazu entscheiden, eine kleine Miez von ihrer Katzenmutter zu übernehmen, so ist das beste Alter hierfür die zehnte bis zwölfte Lebenswoche. Dann säugt die Mutter ihre Jungen nicht mehr und die drolligen Samtpfotenbabys gewöhnen sich leicht an ihre neue Umgebung und ihre neue Familie. Damit soll nicht gesagt sein, dass ältere Katzen sich bei entsprechender Zuwendung nicht auch schnell eingewöhnen und dankbare Lebensgefährten werden können. Achten Sie bei der Auswahl Ihrer Miez jedoch darauf, dass die Rasse durch Überzüchtung keine körperlichen Einschränkungen hat (beispielsweise eine sehr kurze Nase, Kippohren oder Haarlosigkeit). Unter solchen Qualzuchtmerkmalen leiden die Tiere ihr Leben lang!

Zur Verantwortung gehört auch das Thema Verhinderung der unkontrollierten Fortpflanzung. Sofern Ihre Samtpfote Freigang erhalten soll, ist dringend zu empfehlen, sie (oder ihn) frühzeitig zu sterilisieren oder zu kastrieren. Ausführliche Informationen dazu erhalten Sie im weiteren Verlauf. Das vorweg: Sie verhindern damit zahlreichen ungewollten Miez-Nachwuchs. Katzen sind nämlich sehr fruchtbare Gesellen: Eine Katze kann pro Jahr bis zu dreimal werfen, mit durchschnittlich vier bis fünf Sprösslingen. Das macht bis zu 15 Nachkommen einer Katze in nur einem Jahr!

Bei Freigängerkatzen ist es zudem wichtig, sie zu kennzeichnen und zu registrieren. Dazu wird in der Tierarztpraxis schmerzlos ein reiskorngroßer Mikrochip in den Halsbereich Ihrer Miez implantiert, der auslesbar ist und Sie als Frauchen oder Herrchen identifiziert. Dazu brauchen Sie sich nur bei einem der Haustierregister mit der Chipnummer zu registrieren (zum Beispiel Tasso). Eine Tätowierung ist eine Alternative zum Chip, kann allerdings nur unter Narkose durchgeführt werden. Allerdings ist zu bedenken, dass sie verblasst und nach einigen Jahren nicht mehr lesbar ist.

WILLKOMMEN ZUHAUSE

Der Umzugswagen ist unterwegs! Bevor Miez in ihrem neuen Zuhause ankommt, sollten die allerwichtigsten Dinge bereits vorhanden sein:
• Je mindestens ein Napf für Wasser und Futter
• Hochwertiges Katzenfutter, das an sie speziellen Bedürfnisse von Miez angepasst ist

- Eine oder zwei Katzentoiletten
- Ein Korb oder eine Kiste als Versteck
- Eine Kuscheldecke
- Eine Transportbox, in der Miez sicher zum Tierarzt gebracht werden kann
- Ein Kletterbaum
- Mindestens ein Kratzbrett oder eine stabile Kokosmatte zum Krallenwetzen

Die ersten Stunden nach der Ankunft von Miez sollten Sie und Ihre Familie der Samtpfote viel Ruhe gönnen und sie zunächst ankommen lassen, denn Sie wissen ja: Katzen sind Gewohnheitstiger, die auf jede Veränderung sehr empfindlich reagieren können. Sofern Miez noch ein Baby ist, wird sie damit zu tun haben, das Fehlen der mütterlichen Zuwendung und der Geschwister zu verkraften. Und genau wie bei einer erwachsenen Katze braucht auch sie Zeit, um die neue Umgebung und diese noch unbekannten Zweibeiner kennenzulernen. Sofern Sie Ihrer Miez die Zeit geben, die sie braucht, wird sie sich Ihnen ganz von allein annähern, denn Katzen sind sehr neugierig, wie Sie wissen.

> *Miez:*
>
> *„Gut Ding will Weile haben! Und wann die Weile vorbei ist, entscheiden wir, liebe Dosenöffner!"*

Sofern Sie sich Fellnasen lediglich für Ihre Wohnung anschaffen, die nicht ins Freie dürfen, empfiehlt sich zur Vorbeugung von Langeweile die Aufnahme von zwei Tieren statt nur einem. Am leichtesten glückt diese Vergesellschaftung, wenn Sie sich gleich von Beginn an zwei Katzen anschaffen, die sich gemeinsam an ihr neues Zuhause gewöhnen können und es von Anfang an zu teilen lernen. Erwachsene Katzen sind oft sehr skeptisch gegenüber ihren Kollegen. Die Vergesellschaftung klappt dann oft nicht – Ausnahmen bestätigen allerdings die Regel.

Wenn Sie bei der Zusammenführung zweier erwachsener Katzen Schritt für Schritt und sehr behutsam vorgehen, steigen die Chancen, dass die Tiere sich gegenseitig akzeptieren. Gleichgeschlechtliche Tiere passen in der Regel aufgrund ihrer ähnlichen Verhaltensweisen deutlich besser zusammen als zwei gegengeschlechtliche. Kater gehen mit ihren Mitbewohnern nämlich oft sehr rau um und inszenieren sich angeberisch beim

Erreichen der Geschlechtsreife. Die Damen mögen dieses Gehabe allerdings nicht und sind oft viel zu unsicher, um den Halbstarken Herren Grenzen zu setzen. Ähnlich verhält es sich bei gleichgeschlechtlichen Tieren unterschiedlichen Alters. Eine junge aktive Katze kann einer gesetzteren, ruhebedürftigen Miez leicht auf die sensiblen Nerven gehen. In Tierheimen werden Sie Katzen beobachten, die sich gegenseitig mögen, kuscheln und miteinander spielen. Diese Paare werden auch in einem neuen Zuhause gut miteinander klarkommen.

Sofern Sie allerdings schon an einer Miez im Hause erfreuen und zu diesem Töpfchen das passende Deckelchen suchen, nehmen Sie bitte sowohl das Alter und Geschlecht, das Wesen, die Selbstsicherheit und das Temperament Ihrer Miez als Maßstab. Zu unterschiedliche Tiere werden sich eher nicht sympathisch sein. Außerdem sollte Ihre Miez keine grundsätzlichen Einwände gegen Kontakte zu ihresgleichen haben, denn ansonsten stehen die Chancen für eine erfolgreiche Vergesellschaftung eher schlecht. Und fühlt sich Miez in ihrer (neuen) Umgebung nicht wohl, kann dies möglicherweise zu Verhaltensauffälligkeiten wie Unsauberkeit führen.

Miez und Miez gesellt sich nicht unbedingt gern! Sofern Sie sich zwei Katzen anschaffen möchten, ist es am besten, diese von klein auf gemeinsam aufwachsen zu lassen. Spätere Zusammenführungen sind oft schwierig und setzen voraus, dass die erste Katze Artgenossen akzeptiert. Zudem sollte bei der Auswahl der Zweitmiez auf ein ähnliches Alter und Wesen sowie das gleiche Geschlecht wie das der Erstkatze geachtet werden.

Nach dem Einzug Ihrer neuen Katze sollte diese zunächst für einige Wochen im Haus bleiben und nicht ins Freie gelassen werden. Auf diese Weise gewöhnt Miez sich an ihr neues Zuhause und findet es später auch schneller wieder.

VERTRAUEN & ZUNEIGUNG GEWINNEN

Eigentlich ist es ganz einfach, die Zuneigung Ihrer Miez zu gewinnen. Sie müssten ihr nur Bedingungen bieten, die ihr die Wahl bieten zwischen dem

Alleinsein und der Gesellschaft mit Menschen. Katzen brauchen ungestörte Rückzugsorte und sie lieben ihre Unabhängigkeit. Umso mehr Miez das Gefühl hat, ihr Leben selbst bestimmen zu können, desto größer wird ihre Anhänglichkeit.

> *Miez:*
> *Ich entscheide, wann du Zweibeiner mich streicheln darfst!*

Um die Bindung zwischen Miez und Ihnen weiter zu stärken, reden Sie ruhig und liebevoll mit ihr. Vermeiden Sie Lautstärke oder Bestrafungen. Spielen Sie mit Miez oder helfen Sie ihr bei der Fellpflege und Sie beide werden ein gutes Team.

Zehn Verhaltensweisen, mit denen Miez zeigt, dass sie Sie liebt:

1. Sie überrascht Sie mit Geschenken.
2. Sie zwinkert Ihnen mit beiden Augen zu.
3. Sie ist gesprächig und „miaut" Sie an.
4. Sie schleckt Sie ab.
5. Sie reibt ihr Köpfchen an Ihnen.
6. Sie schmiegt sich an Ihre Beine.
7. Sie möchte am Bauch gestreichelt werden.

8. Sie formt ihren Schwanz zu einem Fragezeichen.

9. Sie stampft vorsichtig auf Ihnen herum (Milchtritt).

10. Sie sucht zum Schlafen Ihre Nähe.

KATZENERZIEHUNG

Die beste Erziehung Ihrer Miez fordert sehr viel Geduld und beginnt mit gegenseitigem Verstehen. Versuchen Sie, sich einmal in Ihre Miez mit all ihren speziellen Verhaltensweisen hineinzuversetzen. Im Gegenzug lernt Miez wiederum durch ihre eigene Beobachtungsgabe und Intelligenz. Sie kann das Verhalten ihres Frauchens oder Herrchens hervorragend deuten. Also funktioniert die Erziehung von Katzen anders als die Hundedressur, denn Katzen sind sehr eigenständig. Immerhin kennen auch Katzen bestimmte Worte und ihren Namen, kommen auf Ihren Ruf aber nur, wenn sie gerade Lust dazu haben.

Miez lernt nur, wenn ihr etwas Spaß macht. Das ist ihre Bedingung. Ein ganz besonderes Vergnügen ist es, Dinge neu zu entdecken. Abenteuer sind großartig für sie, was leider oft auch dazu führt, dass sich Miez zu weit von ihrem Zuhause entfernt. Doch schimpfen Sie nicht mit ihr, wenn sie endlich zurückkommt. Sie würde dieses Meckern auf die Tatsache beziehen, dass sie zurückgekommen ist.

Trotz alledem lässt sich Miez erziehen. Sie können ihr Regeln beibringen, die das Zusammenleben miteinander harmonischer machen und sie vor Gefahrenquellen schützen. Hier ein paar praktische Empfehlungen für die Katzenerziehung und zur Lösung von Verhaltensproblemen:

Wann sollten Sie mit der Erziehung von Miez beginnen?

Katzenerziehung ist umso einfacher, je früher Sie damit beginnen. Optimalerweise starten Sie damit bereits spielerisch, wenn die Katze noch sehr klein ist.

Wie trainieren Sie am sinnvollsten mit einer jungen Miez?

Bei sehr jungen Katzen empfiehlt sich das Training in mehreren kurzen Einheiten, denn sie können sich noch nicht lange konzentrieren. In jeder

Trainingsphase üben Sie etwas anderes mit Miez, das sie lernen soll.

Was ist bei der Erziehung von Miez generell zu beachten?

Es ist sehr wichtig, dass Sie konsequent sind (und bleiben!). Wenn Sie nicht möchten, dass Ihre Miez auf der Küchenanrichte herumspaziert, während Sie Essen zubereiten, dann dulden Sie es niemals. Sobald Sie auch nur einmal eine Ausnahme machen, erklärt Miez Ihre folgenden Verbote als unglaubhaft. Miez hat gelernt, dass Ausnahmen die Regel betätigen, und wird dies bei nächster Gelegenheit erneut unter Beweis stellen wollen.

Wie teilen Sie Miez mit, dass sie etwas nicht tun soll?

Seien Sie streng. Teilen Sie Miez mit einem "Nein" oder "Runter" in bestimmendem, aber ruhigem Ton mit, dass sie mit manchen Dingen nicht spielen soll oder manche Orte tabu sind. Miez versteht schnell die Bedeutung einiger Worte. Um dies zu fördern, hilft es bei einigen Katzen, sie nach diesem „Abbruchsignal" eine Zeit lang zu ignorieren.

Wie reagieren Sie, wenn Ihre Katze etwas richtig gemacht hat?

Loben Sie Miez! Belohnen Sie sie mit Leckerchen und kraulen Sie sie, wenn sie etwas gut gemacht hat (sofern sie es möchte). Das Tierchen wird lernen, dass sich gutes Verhalten lohnt.

Wie schaffen Sie es, Miez stubenrein zu bekommen?

Die Stubenreinheit kann man den Stubentigern leicht beibringen, denn Katzen sind sehr saubere Tiere. Sie haben selbst ein Interesse daran, ihr Geschäft lediglich an einem dafür bestimmten Ort zu verrichten. Beobachten Sie Miez und setzen Sie sie sofort auf die Katzentoilette, wenn sie Anstalten macht, ihr Geschäft verrichten zu wollen. Meist tut sie dies nach dem Fressen und unmittelbar nach dem Wachwerden. Klappt die Nutzung der Katzentoilette, sollten Sie Miez gerade zu Beginn für ihr Verhalten loben. Verfehlt Miez trotzdem mal ihre Toilette, ignorieren Sie dies kommentarlos. Sehr wichtig ist es, die Katzentoilette stets sauber zu halten. Die reinlichen Katzen sind sehr geruchsempfindlich und meiden ein unsauberes

Klo. Sollten Sie mehrere Samtpfoten beherbergen, benötigen Sie auch mehrere Toiletten für sie!

Was tun, wenn Miez Gegenstände markiert?

Katzen neigen bei Stress dazu, Wände und Gegenstände mit Urin zu markieren. Um dies zu vermeiden oder abzustellen, sollten Sie die Ursachen für den Stress finden und ihn abstellen oder zumindest so weit wie möglich reduzieren. Sorgen Sie für einen ruhigen Rückzugsort oder prüfen Sie, ob der vorhandene Rückzugsort wirklich ruhig ist. Außerdem wechseln Sie Ihre Putzmittel, sofern sie intensiv riechen. Katzen empfingen starke Gerüche als störend und versuchen, sie mit ihrem eigenen Uringeruch zu überdecken. Nicht zuletzt können aber auch Sexualhormone die Gründe des Markierens sein, sodass Sie spätestens jetzt über eine Kastration bzw. Sterilisation nachdenken sollten.

Wie gewöhnen Sie Miez das Fangen von Vögeln ab?

Katzen sind Jäger, das wissen Sie bereits. Daher liebt Miez das Fangen von Vögeln – sehr zum Unmut der Tierschützer und Ornithologen. Um dem entgegenzuwirken, kann es hilfreich sein, regelmäßig und ausgiebig mit Miez zu spielen. Sie wird dann so ausgepowert sein, dass ihr der Antrieb zum Jagen fehlt. Es ist ebenfalls sinnvoll, sich an den Zeiten des Nistens der Vögel zu orientieren. Im Mai und Juni sind ganz besonders viele junge Vögel als leichte Opfer unterwegs. Beaufsichtigen Sie Ihre Katze in dieser Zeit, wenn sie draußen ist – oder lassen Sie Miez weniger oft raus. Durch die Kastration oder Sterilisation nimmt der Jagdtrieb zumeist auch deutlich ab.

Was tun, wenn Miez beißt?

Dass einem Katzenbiss Aggression zugrunde liegen muss, ist ein Trugschluss. Katzen nutzen ihre Zähne auch zu Zwecken jenseits des Fangens von Beute oder der Nahrungsaufnahme ein. Die spezielle Anatomie des Gebisses von Miez macht es zu einem beachtenswerten Faktor, der schmerzhafte Wirkungen entfalten kann. Komplett alle Katzenzähne sind sehr spitz, denn die harmlos aussehenden Samtpfoten zerkleinern ihre Nahrung, ohne sie zermahlen zu müssen. Ihre Beißkraft beträgt enorme 56 Newton auf den Quadratzentimeter bei einem Beißkraft-Quotienten von 18,76. Bei uns

Zweibeinern liegt der Beißkraft-Quotient bei nur zehn.

Sofern Miez beißt, weil sie Aufmerksamkeit möchte, sollten Sie diese Beißstrategie ignorieren. Miez darf hiermit keinen Erfolg haben, weil sie das Verhalten dann wieder zeigen würde. Wenn Miez dagegen aus Liebe an Ihrer Hand knabbert, nehmen Sie diese weg, sobald Miez damit anfängt. Auch hier gilt: Miez darf durch ihr Verhalten nicht ihr Ziel erreichen! Betonen Sie Ihren Unmut mit einem eindrücklichen „Nein". Dasselbe gilt für zu wild spielende Beißer und Katzen, die mithilfe ihrer Zähne die Rangordnung klären wollen. Lassen Sie sich nicht von Miez verbeißen!

Kann Miez denn nicht einfach klingeln, wenn sie zurück ins Haus möchte?

Manche Freigängerkatzen finden es bei der Rückkehr von ihren Ausflügen sehr frustrierend, wenn sie nicht sofort ins Haus hineinkommen. Wohl denjenigen, die eine Katzenklappe installiert haben. Moderne Katzenklappen können sogar so programmiert werden, dass sie den implantierten Chip Ihrer Miez auslesen und so nur sie hineinlassen, kein anderes Tier. Sollten Sie jedoch nicht die

Vorteile einer Katzenklappe nutzen können, gibt es eine weitere elegante Möglichkeit, Ihrer Katze Gehör zu verschaffen. Sie hängen ein kleines, aber lautes Glöckchen in Augenhöhe der Katze an die Tür. Nachdem Miez bei dem verzweifelten Versuch auf sich aufmerksam zu machen, irgendwann die Glocke durch Berührung zum Klingeln gebracht hat, lassen Sie sie herein. Nach einigen Wiederholungen hat Miez gelernt, was passiert, wenn sie das Glöckchen zum Klingen bringt: Die Tür wird sich öffnen!

SPIEL, SPAß UND BESCHÄFTIGUNGEN

Katzen lieben es zu spielen. Alles, was läuft, rollt oder fliegt, ist für sie reizvoll. So wird ein zusammengeknülltes Stück Papier schnell zum Spielzeug. Bällchen, Wollknäule oder leere Kartons sind auch hervorragend zum Herumalbern geeignet. Miez versinkt teilweise richtig in ihr Spiel und kann sich lange allein beschäftigen. Aber noch viel toller ist es, wenn sich der zweibeinige Kumpel und Ernährer zum Mitspielen animierbar ist und Bälle kullern lässt oder mit Miez Mäuschen spielt, etwa mit einem Stofffetzen an einer Schnur oder einer Feder an einem Faden. Im Zoofachhandel werden Sie noch allerlei andere Spielsachen für Katzen finden, sogar sogenanntes Intelligenzspielzeug. Scheuen Sie sich nicht, diese Dinge auszuprobieren und die Spielvorlieben Ihrer Miez kennenzulernen.

Miez:
„Oh ja, mein Zweibeiner! Lass uns spielen! Yippie!"

Spielzeug für Miez aus alten Kartons selbst basteln!

Klopapier-Fummelding

Sammeln Sie Klopapierrollen und stellen Sie die leeren Rollen aufrecht in einen Karton oder eine Box, die ähnlich hoch ist wie diese. Nun verstecken Sie Leckerchen in den Rollen. Miez wird schwer zu tun haben, diese mit ihren Pfoten wieder herauszufischen, und muss sehr geschickt vorgehen, damit sie Erfolg hat. Eine wunderbare Übung für die Konzentration, die Geduld und Geschicklichkeit!

Alternative: Verstecken Sie Leckerchen in einer leeren Kleenex-Box. Miez wird auch hier schwer damit beschäftigt sein, die wieder herauszubekommen.

Weinkorken-Gewusel

Weintrinken für den guten Katzenzweck! Sammeln Sie dafür die Weinkorken und wenn Sie mindestens 20 Korken haben, geben Sie diese zusammen mit Leckerchen in eine flache offene Box oder Schachtel. Nun wird Miez zum Wein-Fan, indem sie inbrünstig versucht, die Leckerbissen aus dem Korkenbad heraus zu holen.

Alternative: Binden Sie einen Faden um einen Korken und schnüren Sie ihn fest zu. Das Fadenende knoten Sie nun zum Beispiel an Ihren Türgriff auf Augenhöhe der Katze. Miez wird nun versuchen, den Korken zu angeln, aber er wird ihr immer wieder entkommen. Verflixt!

Lichtspiel-Wahnsinn

Katzen sind bekanntlich Jäger. Also Licht aus, Spot on! Der Strahl einer schlichten Taschenlampe auf dem Boden regt Miez sofort zum Jagen an. Zum Verzweifeln, dass diese Beute so nah ist, aber sich nicht einfangen lässt. Belohnen Sie Miez für ihre erfolglosen Bemühungen mit einem Leckerchen.

Sockenmauseschmaus

Eine alte Socke gehört nicht in den Müll, wenn Sie eine Katze haben. Füllen Sie die Socke mit Stoffresten wie etwa der dazugehörigen zweiten Socke, die Sie nun wohl auch nicht mehr brauchen werden. Verzurren Sie die gefüllte Socke mit einem alten Schnürsenkel. Fertig ist die Sockenmaus! Auf zur Jagd!

Versorgung der Katze

ERNÄHRUNG

Miez ist von Natur aus ein Beutetierfresser. Daher sollte ihre Ernährung auch heute auf die natürlichen Bedürfnisse abgestimmt sein. Miez benötigt vor allem tierische Eiweiße und Fette, außerdem Vitamine, Kohlenhydrate und Mineralstoffe. Um keine Mangelerscheinungen zu riskieren, sollte qualitativ hochwertiges Fertigfutter verfüttert werden, dessen Gehalt an Nährstoffen auf den Bedarf von Miez abgestimmt ist und eine ausgewogene Zusammensetzung hat.

Es ist auch möglich, für Miez zu kochen. Dies erfordert aber abgesehen von Zeit vor allem ernährungswissenschaftliche Kenntnisse, um eine wirklich ausgewogene Kost herzustellen. Wer sich dennoch entscheidet, selbst für seinen Stubentiger zu kochen, sollte sich zunächst entsprechende Literatur zu Gemüte führen und dann einen auf Ernährung spezialisierten Tierarzt konsultieren, der einen wissenschaftlichen Rationsplan erstellt. Dieser Plan muss dann auch in regelmäßigen Abständen kontrolliert und evtl. angepasst werden, denn wer die Nahrung falsch oder in fehlerhaften Mengenverhältnissen zubereitet, riskiert bei Miez einen Mangel oder Überschuss an bestimmten Nährstoffen, der insbesondere bei heranwachsenden Katzen zu langfristigen Schäden führen kann.

Miez:
„Ich find's super, dass Ihr nicht nur Dosen öffnen könnt, sondern auch für mich kocht. Es riecht so gut in der Küche! Aber macht das bloß richtig, damit ich kerngesund bleibe. Wer fängt denn sonst die Mäuse?"

Um Verdauungsproblemen vorzubeugen, sollte immer bei Zimmertemperatur gegessen werden.

Fleisch sollte zudem nicht roh verfüttert werden, da es eine Infektionsgefahr für Miez und Mensch bedeuten kann. Rohes Schweinefleisch kann zum Beispiel Parasiten, gefährliche Bakterien oder Krankheitserreger enthalten, wie etwa eine tollwutähnliche Krankheit, die bei Miez innerhalb weniger Stunden zum Tode führen kann.

Sollte Ihre Miez zu den Freigängern und gelegentlichen Mäuseverspeisern gehören, kürzen Sie ihre Futterration trotzdem nicht. Miez wird Ihnen nicht berichten, wann sie wie viele Mäuse erlegt hat, aber sie wird nur wenig fressen, wenn sie satt ist. Reste des Nassfutters sollte Sie dann allerdings aus hygienischen Gründen entsorgen.

Es gehört zur Verantwortung eines jeden Tierbesitzers, darauf zu achten, dass die Schützlinge nicht übergewichtig werden. Dies kann gerade bei kastrierten Katzen fortgeschrittenen Alters, die nicht mehr so aktiv sind, leicht passieren. Die Folge können Kreislauf- und Gelenkprobleme sein. Aber hungern sollte Miez auch nie. Das wiederum kann nämlich zu lebensbedrohlichen Störungen des Leberstoffwechsels führen.

Diese Nahrungsmittel darf Miez nicht fressen:

- Avocado
- Hülsenfrüchte
- Knoblauch
- Kaffee
- Kakao
- Kohl
- Leber
- Milchprodukte
- Rohe Kartoffeln
- Rohes Schweinefleisch
- Schnittlauch
- Schokolade
- Steinobst
- Thunfisch in größeren Mengen
- Weintrauben
- Zwiebeln

Fütterung

Damit Miez ungestört fressen kann, sollte ihr Futterplatz an einem ruhigen Ort sein, weit entfernt von der Katzentoilette. Ist das Klo in der Nähe, so kann es sein, dass Miez nicht fressen möchte oder aber die Toilette links liegen lässt und ihre Geschäfte lieber an einem anderen Ort im Haus macht. Nach dem Fressen möchte Miez dösen und in Ruhe gelassen werden.

Eine Wildkatze in der Natur frisst bis zu zehnmal täglich oder noch öfter. Katzenmägen sind also mehrere kleine Mahlzeiten am Tag ausgelegt. Wenn Sie allerdings eine Miez haben, schnell übergewichtig wird, sollten Sie die tägliche Fütterung dennoch auf zwei bis maximal drei Mahlzeiten beschränken. Portionieren Sie das Futter so, dass es in kurzer Zeit aufgenommen wird, und achten Sie darauf, dass sie sich viel bewegt.

Sofern Miez jedoch nicht zu Übergewicht neigt, ist es durchaus zu empfehlen, ihr über den ganzen Tag Futter bereitzustellen, am besten mindestens zweimal am Tag Feuchtfutter und sonst Trockenfutter. Über Feuchtfutter nimmt die Fellnase Flüssigkeit auf. Das ist sehr wichtig, da Katzen aufgrund ihrer Abstammung dazu neigen, zu wenig Flüssigkeit aufzunehmen. Dies geschieht in der freien Natur nämlich vor allem durch das Verspeisen des Beutetieres und dessen eigenen Wassergehaltes.

Um Ihre Miez zum Trinken zu überreden, kann der einfache Trick helfen, ihren Futter- als auch Wassernapf weiter auseinanderzustellen. Auch kann es erfolgreich sein, mehrere Trinkplätze an verschiedenen Stellen zu installieren. Trinkbrunnen finden viele Katzen auch sehr gut, da sie mit Vorliebe Wasser zu sich nehmen, das fließt. In der Natur sind fließende Gewässer oft von besserer Trinkqualität. In unseren menschlichen Haushalten ist das Wasser sauber zu halten und regelmäßig auszuwechseln. Entgegen landläufigen Meinungen wird Milch von erwachsenen Katzen zumeist gar nicht gut vertragen. Milch ist auch kein Wasserersatz, sondern ein Nahrungsmittel.

Katzengras zur Förderung der Verdauung
Katzen sind sehr auf ihre Körperpflege bedacht und putzen sich sehr ausgiebig und voller Hingabe. Dabei verschlucken sie unzählige Haare, welche sich dann im Magen sammeln, zu Klumpen formen und zu einem Problem für die Verdauung werden können. Katzen haben eine banale Lösung des Problems parat: Sie fressen Gras. Dies wirkt bei ihnen wie ein Brechmittel. Da allerdings nur

Freigänger Zugang zu Gras haben, sollten Sie Ihrer Hausmiez Katzengras anbieten. Dies bekommen Sie im Zoofachhandel in einem Topf. Diese grüne Miniwiese im Haus verhindert in der Regel auch, dass Miez Zimmerpflanzen anknabbert, von denen manche sogar giftig sind.

Giftige Zimmerpflanzen:
- Alpenveilchen
- Amaryllis
- Begonie
- Christusdorn
- Dieffenbachie
- Efeu
- Kakteen
- Weihnachtsstern

HALTUNG

Der beste Ort für eine Miez ist eine naturnahe, grüne Gegend mit wenig Straßenverkehr, mit einem katzengerecht eingerichteten Zuhause, wohin sie sich jederzeit zurückziehen kann. Freigänger genießen die Bereicherung ihres Lebensalltags, denn im Gegensatz zu Wohnungskatzen können sie ihren Erkundungsdrang besser ausleben. Es ist sehr wichtig, dass Katzen, die regelmäßig Freigang haben, jederzeit und ohne Hindernisse zurück ins Haus kommen können. Am einfachsten ist dies mit einer Katzenklappe zu realisieren. Wie bereits erwähnt, gibt es hier sogar Varianten, die den Chip Ihrer Miez auslesen können, sodass nur sie allein ins Haus kommen kann und die Katzentür allen anderen Gesellen versperrt bleibt.

Bedenken Sie, dass der Verkehr auf den Straßen ein sehr hohes Risiko für Katzen darstellt. Insbesondere junge Tiere können bei ihren ersten Ausflügen allzu leicht verunglücken. Es ist zu empfehlen, Miez auf den ersten Streifzügen zu begleiten, um zu prüfen, wie gut sie die Gefahren der Außenwelt einschätzen kann, und ihr notfalls auch den sicheren Weg zurück zu zeigen. Freigang ist daher nur in verkehrsberuhigten Gebieten zu empfehlen.

Miez:

„Hey Zweibeiner! Läufst du mir etwa nach? Oh, ups, – das war knapp. Das schnelle stinkende Blechding mit Rädern habe ich gar nicht bemerkt. Du hast

recht, Zweibeiner. Lass uns lieber gucken gehen, ob Zuhause noch Futter im Napf ist!"

Sofern Sie sich dafür entscheiden, Ihre Miez nicht ins Freie zu lassen, so müssen Sie dafür sorgen, dass Sie sie mehrere Stunden am Tag artgerecht beschäftigen können und dass die Samtpfote möglichst nicht einzeln gehalten wird. Leider kommen die meisten Halter von Wohnungsmiezen dieser Verpflichtung nicht nach. Die Tiere langweilen sich zumeist – vor allem dann, wenn sie häufig allein gelassen werden. Die Empfehlung, Wohnungskatzen nicht einzeln zu halten, sondern direkt bei der Anschaffung zwei Tiere auszuwählen, gilt unabhängig von der Berufstätigkeit von Herrchen oder Frauchen, denn Lebenssituationen können sich ändern. Außerdem sollte Ihre Wohnung über mindestens zwei Zimmer verfügen, damit die Tiere sich aus dem Weg gehen können und auch die Möglichkeit haben, sich vor dem Menschen zurückzuziehen, wenn Sie es möchten.

In Ihrer Wohnung sollten mehrere Versteckmöglichkeiten in unterschiedlicher Höhe vorhanden sein. Besonders beliebt sind Verstecke unter Möbeln, in Schränken, Regalen oder Schachteln.

Ihre Miez freut sich, wenn Sie ihr Wohlfühlplätze bauen, zum Beispiel in Form von Überhängen über Sofas oder Betten, freigeräumten Bücherregalen oder weichen Katzenkörben. Miez liebt erhöhte Sitz- und Liegeplätze, wohlige Wärme und Trockenheit. Auch Sonnenlicht ist ihr sehr wichtig, um im Sommer Wärme zu tanken. Im Winter müssen dafür andere Wärmequellen herhalten. Sollten Sie Ihrer Miez Zugang zum Balkon gewähren, so muss dieser genau wie offene Fenster durch Gitter gesichert werden, um Abstürzen vorzubeugen. Es kommt leider vor, dass Katzen von Balkonen abstürzen.

Zehn praktische Tipps zum harmonischen Zusammensein mit Ihrer Miez:

1. Zwingen Sie Ihre Miez nicht, mit Ihnen zu schmusen!

2. Vermeiden Sie stets Hektik und Krach! Miez liebt Gelassenheit und Ruhe.

3. Vermeiden Sie Staubsauger-Terror! Saugen Sie erst dort, wo Miez grad nicht ist. Versperren Sie keine Fluchtwege.

4. Rede mit ruhiger Stimme mit Miez, das findet sie sehr angenehm.

5. Bieten Sie Ihrer Miez Rückzugsorte, die für Menschen tabu sind.

6. Spielen Sie regelmäßig mit Ihrer Katze – sofern Sie Lust dazu hat.

7. Geben Sie Miez regelmäßig Futter und ab und zu ein Leckerli, wenn sie brav ist.

8. Katzen müssen ihre Krallen schärfen. Stellen Sie dafür Möglichkeiten bereit (z. B. einen Katzenbaum).

9. Miez braucht ein Katzenklo!

10. Auch Ihr Besuch, egal welchen Alters, muss die Privatsphäre Ihrer Miez respektieren!

Alleinsein

Bisher dachte man, dass der Katze egal ist, wenn seine Zweibeiner das Haus verlassen und sie allein zurückbleibt. Doch nicht alle Stubentiger würden das unterschreiben. Dies ist das Ergebnis einer Studie der Universidade Federal de Juiz de Fora in Brasilien.

Eine Biologin namens Daiana de Souza Machado und ihr Team fragten 130 verschiedene Katzenbesitzer nach dem Verhalten der Samtpfoten, während sie allein waren. Da einige der

Zweibeiner mehrere Katzen besaßen und jede davon einzeln betrachtet wurde, konnte das Verhalten von 233 Tieren erfasst werden.

Das Ergebnis ist verblüffend. Die Katzen litten sehr deutlich, wenn ihre Besitzer nicht da waren, und zwar vor allem, wenn kein weiterer Tierkumpel mit im Haus lebte und auch Spielzeug fehlte. So zeigten 30 dieser 223 Katzen (13,5 %) mindestens eine Verhaltensauffälligkeit, die auf die Trennung zurückzuführen ist. Bei 20 von den 30 Fällen zeigten sich die Katzen destruktiv: 19 Katzen miauten energisch, wenn sie allein waren, 18 urinierten jenseits des Katzenklos, sieben verrichteten das große Geschäft an Orten, die dafür nicht bestimmt gewesen sind, 16 waren depressiv-apathisch, 11 waren aggressiv, 11 zeigten Angst und Unruhe. Es ist also sicher: Miez kann als Sozialpartner für Sie angesehen werden und umgekehrt!

Wie gewöhnen Sie Miez das Alleinsein?
Katzenbabys sollten Sie in den ersten Wochen möglichst gar nicht allein lassen. Das gilt auch, wenn schon ein anderer tierischer Freund im Haus lebt. Nehmen Sie sich die Zeit, in der

Anfangsphase für Ihren neuen Mitbewohner da zu sein, um ihn Vertrauen aufbauen zu lassen und ihm Zeit zu geben, schrittweise eine neue Welt zu erkunden und zu erobern.

Um Miez später an das Alleinbleiben zu gewöhnen, geht dies optimal in kleinen Schritten. Verlassen Sie anfangs das Haus nur für wenige Minuten. Sofern alles ruhig bleibt, kehren Sie zurück und belohnen Miez. Sollte sie hingegen schreien und lautstark klagen, müssen Sie dies unbedingt ignorieren und das Haus erst wieder betreten, wenn es ruhig ist. Andernfalls würde Miez lernen, dass ihre Beschwerde zum Erfolg führt, und das nächste Mal wieder „Theater" machen. Steigern Sie die Dauer Ihrer Abwesenheit schrittweise und vergessen Sie die Belohnung der Katze nicht, wenn Sie sich in Ihrer Abwesenheit ruhig verhalten hat. Es kann insgesamt durchaus ein paar Wochen dauern, bis Miez sich an das Alleinsein sicher gewöhnt hat.

PFLEGE

Das Fell von Miez zu pflegen, ist wichtig und gehört dazu. Insbesondere, wenn sie lange Haare

hat, sollten diese regelmäßig gekämmt oder ge-
bürstet werden. Bei dieser Gelegenheit können Sie
Ihre Samtpfote auch gleich auf Hautparasiten wie
Zecken oder Flöhe absuchen.

Des Weiteren gehört es zur Pflege der Katze,
regelmäßig den Zustand der Zähne und Ohren zu
überprüfen. Spätestens bei unangenehmem Maul-
geruch sollten Sie alarmiert sein, denn dieser kann
auf einen verfaulten Zahn oder etwa eine Zahn-
fleischentzündung hindeuten. Wie bei uns Zweibeinern hilft auch Miez das regelmäßige Zähne-
putzen. Sind die Ohren verdreckt, können Parasiten die Ursache dafür sein. Säubern Sie die Ohren
Ihrer Katze, aber nicht selbst, sondern überlassen
Sie dies lieber einem Tierarzt.

Wenn Miez allerdings so dreckig ist, dass die
berühmte, aber kleine Putzzunge überfordert ist,
stehen Sie vor besonderen Herausforderungen,
denn Katzen hassen Wasser! Daher versuchen Sie
zuerst, mit einem feuchten Waschlappen den
gröbsten Matsch abzulösen. Wenn dieser Versuch
erfolglos bleibt, hilft leider nur noch das Baden in
lauwarmem Wasser und mit Katzenshampoo. Gehen Sie sehr behutsam vor, denn Miez wird sich
fürchten und dieses Wellnessprogramm als

Zumutung empfinden. Trocknen Sie Miez gut ab und achten Sie darauf, dass sie nicht friert, denn das tut sie leicht.

Wenn Sie Miez gleich von klein auf an die vielfältigen Pflegemaßnahmen gewöhnen, wird sie sie vielleicht sogar genießen, sicher aber mindestens entspannt dabei sein. Genauso sollten Sie Miez auch früh an Tierarztbesuche gewöhnen. Die meisten Tierärzte haben nichts dagegen, wenn Sie auch ohne Behandlungswunsch zu Trainingszwecken vorbeikommen. So lernt Miez auch, dass in der Tierarztpraxis nicht immer zwingend etwas Unangenehmes passieren muss.

Stichwort „unangenehm": Katzen wetzen instinktiv ihre Krallen, um sie zu schärfen und um zu markieren. Sie als Katzenfreund haben sicher Sorge um ihre Möbel und Vorhänge. Um Abhilfe zu schaffen, bieten Sie Miez ein Kratzbrett oder einen Kratzbaum an. Ein stabiler Kletterbaum ist außerdem ein erhöhter Aussichtsplatz, den Miez lieben wird.

TIERÄRZTLICHE BEHANDLUNG

Wie erkennen Sie, dass Miez krank ist? Offensichtlichen Verletzungen lassen daran keinen Zweifel, aber andere körperliche Probleme sind meist schwerer zu bemerken. Anzeichen für eine Krankheit können Appetitlosigkeit, Erbrechen, Durchfall, Gewichtsverlust, vermehrtes Trinken und/oder Urinieren sein sowie Verstopfung und glanzloses oder struppiges Fell. Wenn Miez unwohl ist, verkriecht sie sich meist irgendwohin, wo es ruhig ist und wo sie sich sicher fühlt. Typische Katzenkrankheiten sind zum Beispiel Nierenerkrankungen, Wurmbefall, Abszesse durch leicht mögliche Bisswunden nach Raufereien mit Artgenossen oder auch verschiedene Infektionskrankheiten wie Katzenschnupfen.

Miez sollte umgehend zum Tierarzt gebracht werden, wenn sie krank ist. Versuchen Sie nicht, sie selbst zu behandeln. Finger weg von Medikamenten! Viele Medikamente der Humanmedizin sind für Katzen giftig und können zum Tod führen, etwa Aspirin.

Um Miez sicher in eine Tierarztpraxis bringen zu können, nutzen Sie eine Transportbox, die fest verschließbar ist und bei der sich der Deckel abnehmen lässt. Das erleichtert das Herausnehmen der Katze, sofern sie nicht mehr selbst aus der Box herauskommen kann (oder möchte). Gewöhnen Sie Miez schon von klein auf an diese Box, um ihr später unnötigen Stress zu ersparen. Die Box ist ein optimales Versteck für Miez, das Sie einfach in Ihrer Wohnung aufstellen und ihr als Liegeplatz anbieten können. Legen Sie eine kuschelige Decke oder ein flauschiges Kissen hinein und schon ist die Transportbox ein angenehmer Ort für Miez.

Sterilisation & Kastration

Schätzungen zufolge wohnen in Deutschland rund zwölf Millionen Hauskatzen, von denen viele komplett oder teilweise verwildert sind. Ein nicht kastriertes oder nicht sterilisiertes Katzenpaar zeugt in drei Jahren 300 bis 400 Babys und trägt damit massiv zur Explosion der Katzenbevölkerung bei.

Um dies einzudämmen und zahllosen ungewollten Katzen das Leben ohne Zuhause oder im Tierheim zu ersparen, dienen die Kastration und die Sterilisation als Maßnahmen zur

Geburtenkontrolle für alle Freigänger. Der Routine-Eingriff sollte spätestens mit Eintritt der Geschlechtsreife erfolgen. Die Geschlechtsreife der Kater tritt mit fünf bis sechs Monaten ein, die Damen erleben zumeist im fünften Lebensmonat ihre erste Rolligkeit. Ab jetzt kann es losgehen mit dem Nachwuchs. Das damit einhergehende, zumeist nächtliche Geschrei erstreckt sich über etwa 14 Tage und wiederholt sich danach in dreiwöchigem Takt, sofern die Katzendame nicht gedeckt wurde. Hieraus kann sich sogar ein Dauerzustand entwickeln, die sogenannte Dauerrolligkeit. Diese ist nicht nur sehr anstrengend für Miez und umgebene Zweibeiner, sondern sie bringt auch Risiken für die Gesundheit mit sich.

Sterilisation

Bei der Sterilisation verschließt, durchtrennt oder entfernt man bei Katern die Samenleiter und bei Katzen die Eileiter. Dies bewirkt, dass Spermien und Eizellen sich nicht mehr auf den Weg machen können und keine Befruchtung stattfindet. Die Hoden bzw. Eierstöcke und die Gebärmutter bleiben bei diesem Eingriff erhalten und aktiv. Auf die

Hormonproduktion hat er also keinen Einfluss. Daher bleibt das mit Hormonen zusammenhängende, wenig beliebte Verhalten der Samtpfoten erhalten. Die Herren behalten ihr oft ruppiges Revierverhalten und markieren ihr Revier wie echte Kerle. Die Damen werden weiter rollig und paaren sich munter, als wenn nichts wäre. Beiden Tieren ist die Sinnfreiheit ihres Tuns nicht bewusst, denn sie sind hormongesteuert.

Das höhere Risiko einer Infektion mit einer ansteckenden, mitunter sehr schweren Erkrankung bleibt nach einer Sterilisation bestehen. Auch können sterilisierte Tiere weiterhin Krankheiten bekommen, die mit ihren Geschlechtshormonen oder Geschlechtsorganen zu tun haben, etwa Eierstockzysten, Säugeleisten-Tumore und Gebärmutter-Entzündungen bei der Katze. Auch die Dauerrolligkeit und Scheinträchtigkeit mit all ihren Gesundheitsrisiken treten weiter unverändert auf. Kater können nach wie vor an Prostatavergrößerungen und -tumoren erkranken.

Kastration

Bei der Kastration werden bei Katern die Hoden entfernt, bei Katzen die Eierstöcke und oft auch die Gebärmutter. Bei den Herren ist der Eingriff wenig spektakulär, bei den Damen ist dafür die operative Eröffnung des Bauchraums nötig. Die Operation ist bei beiden Tieren umfangreicher als die Sterilisation und im Anschluss mit mehr Schmerzen verbunden, denen medikamentös begegnet wird.

Dass durch die Entfernung der Hoden bzw. Eierstöcke und der Gebärmutter keine Geschlechtshormone mehr produziert werden können, hat deutliche Konsequenzen. Das Verhalten der Kater verändert sich meist sehr deutlich. Das Decken ist kein Thema mehr, er wird friedlicher, oft fauler, seine Reviere verkleinern sich und werden nicht mehr so nachdrücklich markiert. Mit anderen Katern kämpfen die Herren nur noch selten, was die Verletzungs- und Infektionsgefahr mindert.

Auch bei weiblichen Katzen bringt die Kastration trotz des massiveren Eingriffs mehr Vorteile als die Sterilisation. Miez wird nun nicht mehr rollig, daher sind auch Dauerrolligkeit oder Scheinträchtigkeit kein Thema mehr. Auch wird sie entspannter und bindet sich stärker ans Haus. Sowohl die Ansteckungs- als auch Verletzungsgefahr sinken und das Risiko für geschlechtsspezifische Krankheiten ist deutlich geringer. Durch die zurückgehende Aktivität kann es zwar zu Gewichtszunahmen kommen, aber durch die Reduzierung der Futtermenge oder das Umstellen auf Futter für kastrierte Stubentiger bekommen Sie dies leicht in den Griff. Nicht zuletzt leben kastrierte Samtpfoten statistisch gesehen länger, was aber auch damit zusammenhängen kann, dass sie sich aufgrund ihres eingeschränkten Erforschungsdrangs weniger Gefahren aussetzen.

Sterilisation oder Kastration? Was ist besser?
• Kastrationen und Sterilisationen werden sowohl bei Katern als auch Katzen vorgenommen.
• Beide Methoden verhindern effektiv die Fortpflanzung der Tiere.
• Die Sterilisation hat keinen sonstigen Vorteil, sie ändert das Verhalten der Tiere nicht.
• Der chirurgische Eingriff ist bei einer Kastration umfangreicher und die Tiere haben anschließend mehr Schmerzen, müssen also Schmerzmittel einnehmen.

- Die Kastration verändert den Hormonhaushalt und dadurch das Verhalten.
- Eine Kastration reduziert Ansteckungsgefahren und mögliche Erkrankungen.
- Die Kastration erhöht statistisch gesehen die Lebenserwartung der Tiere.
- Insgesamt ist die Kastration der Sterilisation vorzuziehen.

Impfungen

Miez muss regelmäßig geimpft werden, je nach Impfstoff einmal jährlich. Dies geschieht, um Krankheiten wie Katzenseuche, Katzenschnupfen und Tollwut zu verhindern. Auch Impfungen gegen Katzenleukose sind möglich. In Ihrer Tierarztpraxis wird man Ihnen Auskunft darüber geben, welche Impfungen bei Miez sinnvoll sind und wann diese zu erfolgen haben. Es empfiehlt sich beim jährlichen Impftermin auch gleich einen Gesundheitscheck durchzuführen, um Krankheiten frühzeitig zu erkennen.

Schlussfazit von Miez

„So, meine lieben Zweibeiner und Dosenöffner, nun wisst ihr Bescheid. Meine Katzenkollegen und ich, wir sind so speziell wie schön und vor allem total liebenswert. Merkt Euch das! Wir haben unseren eigenen Kopf und belächeln oft Eure Erziehungsversuche. Wir jagen, kämpfen, markieren oder machen Quatsch und haben Spaß dabei, noch mehr, wenn Ihr Euch ärgert. Aber wir schmusen auch ganz gern, falls wir Lust dazu haben. Dann freut Ihr Euch auch wieder über uns. Das Wichtigste überhaupt ist sowieso immer, dass der Napf stets voll und das Klo leer ist. Alles andere zeigen wir Euch. Das ist gar kein Problem. Ihr seid ja auch nur Menschen. Miau!!!"

Herstellung und Verlag:
BoD – Books on Demand, Norderstedt
ISBN: 9783756213924

© Matthias Stolz 2022
1. Auflage
Kontakt: Psiana eCom UG/ Berumer Str. 44/ 26844 Jemgum
Covergestaltung: Fenna Larsson
Coverfoto: depositphotos.com